平静の技法

ピコ・アイヤー
管 梓 訳

The Art of Stillness

Adventures in Going Nowhere

Pico Iyer

朝日出版社
Asahi Press

TED Books

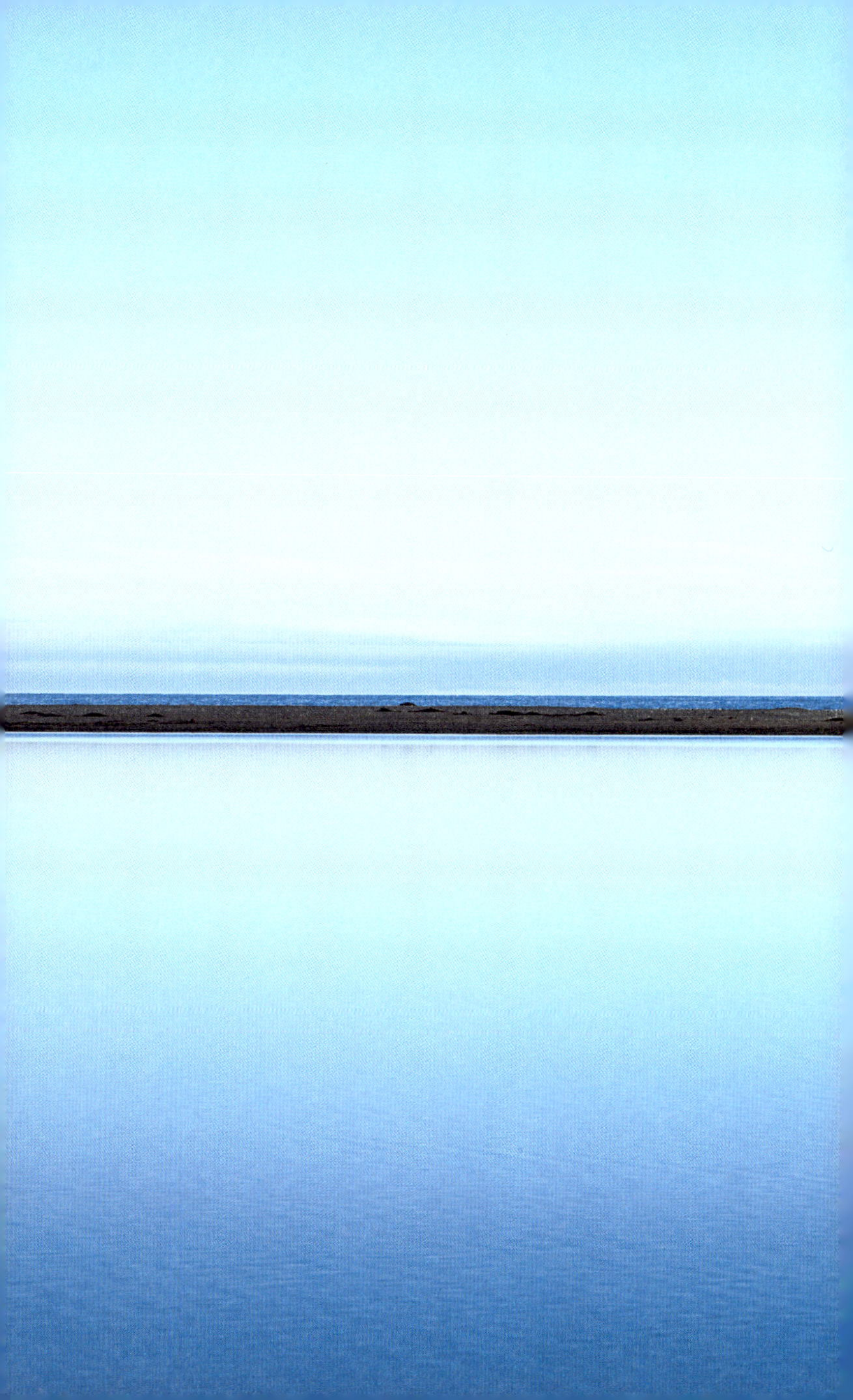

わたしを含む多くの人々に芸術と平静
そしてそのふたつの関係について教えてくれた
ソニー・メータに捧ぐ

目次

本文中の引用文については可能なかぎり既存の和訳を参照し、
一部は内容に沿うよう改訳しています。——訳者

訳注は[★]で示しています。

心から求めるものを探すなら、
きっとうちの近くにあるんだわ。
うちになければどこを探してもないのよ。

——『オズの魔法使』のドロシー

イントロダクション

ノーウェアを目指して

東の砂漠に向かって車を走らせているあいだ、太陽は海にダイヤモンドをちりばめていた。ロサンゼルス中心部に乱雑に敷かれた窮屈なフリーウェイに乗ったとき、少年時代からのヒーローであるレナード・コーエンの、マリアンヌとの別れを歌う声がカーステレオから響いていた。まぶしい冬の太陽は1時間以上も灰色の壁のうしろに姿を隠していたが、ようやく開けた場所に出た。

フリーウェイを降り、複雑に入り組んだ脇道を抜けると、道幅はさらに狭くなり、ほとんど人影もない。やがて、高く鬱蒼《うっそう》としたサンガブリエル山脈へ至る、くねくねとした山道を登っていく。すぐさますべての喧噪が引いていった。ロサンゼルスはもはや遠方に高く伸びるシルエットの一群にすぎない。

ずっと上へと登っていくと、雪玉を投げることを禁じる標識が道路脇に現れ始めた。やがて、山腹に粗野な造りの山小屋が点在する集落へ辿り着く。坊主頭にした60代の小柄な男が身を屈めて、簡素な駐車場でわたしを待っていた。車を降りるやいなや、見ず知らずの他人であるにもかかわらず、深々と儀礼的なお辞儀をし、これから長きにわたり滞在するはずの山小屋までわたしの荷物を運ぶと言って譲らなかった。風の中で彼のすり切れた暗い僧衣がはためいていた。

中へ入ると、僧侶はわたしの長旅の疲れをねぎらうために焼きたてのパンを切ってくれた。さらに、お茶をいれようとやかんを火にかけた。わたしが求めるならば、妻の用意があるとも言った（が、その必要はなかった。折しも結婚を控えているところだったのだ）。

ここに来たのは、山上におけるこの宿主の、ほとんど外部との接触がない秘密の生活について書くためだったが、わたしは一瞬、自分がいったいどこにいるのか、まったくわからなくなった。メタルフレームの眼鏡とウールの帽子を身につけたこの一見ユダヤ教のラビのような男が、実は30年にわたって世界中の憧《あこが》れの的《まと》として知られている歌手、詩人であり、不断の旅人、そしてアルマーニの服に身を包んだ、世界を隅々まで知る名士でもあるとは、とうてい信じられなかったのだ。

レナード・コーエン［★1］がこの旧世界的な要塞にも似た場所に来たのは、静かに佇《たたず》むことで人生、そして芸術を見つめ直すためだった。彼は自分を単純化しようときわめて強い気持ちで取り組んでおり、その激しさは、自分が書く歌詞を10年以上もかけて完璧に磨き上げようとするときと同等のように見えた。わたしが訪ねた週には、彼はがらんとした瞑想室で実質的に七日七晩じっと座っていた。彼の僧名である「自間《じかん》」は、2つの考えのあいだにある沈黙を指すものだ。

瞑想していない時間の大部分を彼は僧院での雑用に費やし、厨房で食器を洗ったりしていた。とりわけ重要な仕事は、マウント・ボールディ禅センターの住職で当時88歳だった日本人、佐々木承周《じょうしゅう》の世話だ。最終的にコーエンは、この年老いた友人とともに40年以上もじっと座っていたことになる。

ある晩――といっても12月末の朝4時である――コーエンは瞑想をしばし中断し、自分がここで何をしているのか説明しようとわたしの小屋を訪ねてきた。

じっと座っていることこそが、この世で過ごした61年のあいだに見つけた「真に深みを持った楽しみ」なのだと、思いがけない情熱をこめて彼は言っ

★1――1934年カナダのモントリオール生まれ。大学在学中に詩集『神話を生きる』を出版して評価を得る。1968年に『レナード・コーエンの唄』を発表し、ミュージシャンとしてもデビュー。シンガーソングライターとして活躍し、1996年に仏門に入る。

た。「本当に深遠で官能的で心地よい楽しみ。それこそがこの活動を通じて得られる真の喜びなんだ」

冗談を言っているのだろうか？　なにしろコーエンはいたずらと皮肉で有名なのだ。

しかし話を聞いていくと、それが冗談ではないことに気づいた。「ほかにやることなんてあるのかい？」と彼は尋ねた。「また若い女性と結婚生活を始めて新たな家庭を築くのかい？　それとも新しいドラッグを探すとか、今までより高価なワインを買うとか？　どうだろうね。わたしにとって、じっと座っていることこそが自分の存在の空虚さにもっとも呼応していて、何よりも豪華で贅沢《ぜいたく》なんだ」

いかにも彼らしい、高遠で慈悲のない言葉だ。これほど沈黙とともに暮らしながら、彼の金言の才が衰えていないのは明らかだった。しかし、この世がもたらしうるあらゆる快楽を味わい尽くしたような人間から発せられると、その言葉は重みを持った。

平静に包まれたこの僻地にいることは、信心や潔白とはなんら関係がない。彼はそうわたしに説いた。それは単に、長らく寝床をともにしてきた混乱や恐怖と折り合いをつけるために、彼が見つけたいちばん実践的なやり方なのだった。老いた日本人の友人とともに静かに佇み、クルボアジェのコニャックをすすり、夜更けまでこおろぎの音に耳を澄ます。そうすることでこそ彼は、人生につきものの困難や破綻が訪れても、変わることのない持続的な幸福の発見に、もっとも近づけたのだった。

「ほかの何事も適《かな》いやしないんだ」。光が差し込みだした小屋で、コーエンは静かに佇むという行為についてそう言った。それから自分の過去を思い返しでもしたのか、しわくちゃのひねくれた笑みを浮かべて、「誰かと付き合いたいと思っていなければ」と付け足した。「若いときには、本能的な衝動を抑えることは難しいし、ほかの何ものにも代え難いからね」

コーエンが言うには、どこへも行かないこと、すなわちノーウエア《どこでもない場所》を目指すことこそが、ほかのあらゆる場所の意味を実感させてくれる大いなる冒険なのだった。

全世界に対する愛を感じるために、じっと座り込む。そういうふうに考えたことはほとんどなかった。喧噪を切り抜け、新鮮な時間とエネルギーを見つけて人と分かち合うために、どこへも行かない。ときにはわたしもその発想に近づきはしていた。だが、すべてを手にしているように見えながら、そのすべてを放棄することで幸福と自由を見いだしたこの男の例ほど、説得力を感じたためしはなかった。

ある夜更け、わたしを親切にもてなしてくれているこの宿主が蓮華座《れんげざ》の正しい組み方を教えてくれた。体には厳しいものの、同時に心が安らぐ姿勢だ。このとき、瞑想をしようという誘惑に駆られたことがない、と伝える言葉が見つからなかった。9歳の頃からひとりで大陸を渡り続けてきた身として、わたしは常に移動することに喜びを見いだしてきた。だからこそ、仕事と快楽が一体となるよう、紀行作家になったのだ。

それでも、コーエンが静かに佇む（言い換えれば、頭を空にして感情を静める）という行為について語るうちに、そして、どこへも行かないという彼の生活から立ち上ってくるように思える気遣い、親切心、さらには喜びに気づくにつれて、わたしたちもみな、それを少しやってみればどれほど自由な気持ちになれるだろう、と思うようになっていた。誰でも、日々の数分間、何もせずにじっと座り、自分の心を動かす何かが浮かび上がるのを待つところから始められるのだ。季節ごとに数日間、静養したり自然の中で長めの散歩を楽しんだりして、刹那や自我を超えたより奥深いものを思い起こすこともできるだろう。あるいはコーエンが行なっているように、舞台背景や演技がまったくないところで人生を模索してみると、生計を立てることと人生を充実させることが時としていかに正反対の方角を向きうるか、言葉で語りえないほど深い次元で気づかされるかもしれない。

言うまでもなく、こうした考え方は人類と同じくらい昔から存在している。東アジアの詩人や、古代ギリシャやローマの哲学者たちは、静かに佇むことをしばしば生活の中心に据えていた。しかし、今ほどひとつの場所に留まることへの希求が切実な時代があっただろうか。30年分もの業務日報の分析の結果、アメリカ人の労働時間が実際には1960年代と比べて短くなっているにもかかわらず、より多く働いているかのように感じていることを、ある2人の社会学者は発見した。わたしたちはトップスピードで走っていてもなお、あまりにも頻繁に、追いつけないと感じがちだ。

もはや機械がわたしたちの神経系の一部のようになりつつあり、季節ごとにその速度が増しているなかで、わたしたちは日曜日を、週末を、夜の休息を、そして一部の人々が言うところの祭日を失ってしまった。わたしたちがどこにいようと、上司やジャンクメールの配信業者や両親は昼夜を問わずわたしたちを見つけ出すことができる。自分がまるで救急治療室の医師であるかのような気分になっている人が増えている。絶えず呼び出され、自らを治療するよう要求されているのに、机が散らかっているせいで処方箋《しょほうせん》が見つからないのだ。

下山するあいだ、そう遠くない昔には、情報へのアクセスと移動こそが最高の贅沢のように感じられていたことを思い返した。今となっては情報からの解放や、じっと座る機会こそがしばしば究極の褒賞のように感じられる。目平静は充分な資産を持った人間のためのただの道楽というわけではない。目には見えにくい大切なものを蓄えようとするすべての人々にとっての必要条件だ。コーエンがわたしに教えてくれたように、どこへも行かないことは厳格な態度というよりも、己を目覚めさせる行為と結びついているのだ。

わたしはどの教会にも属していないし、いかなる信条にも賛同していない。どこかの瞑想やヨガの集まりのメンバーだったこともなく、そもそもどんなグループにも属したことがない。この本は単純に、ひとりの人間がいかにして愛する人たちを見守り、仕事をこなし、そして気が狂いそうになるほど加速してゆく世界において、一定の方向に進み続けるかということについて書いたものだ。一気に読めて、多忙な（おそらく多忙すぎる）生活に素早く戻れるように、わざと短く書かれている。わたしが何かしらの答えを持っている、と言うつもりはない。ここにあるのは、あなたがさらに深めたり、広げたりできるような問いかけだけだ。山の上でわたしは、平静について語ることが実は明晰さや健全さ、持続する喜びについて語ることなのだと気づかされた。ノーウエア《どこでもない場所》を目指す冒険への招待状として、こうした思いがけない喜びについて述べた本書を手に取ってほしい。

第1章

ノーウェアへの旅路

29歳の頃、わたしは少年時代に夢見ていたような生活を手にしていた。マンハッタン中心部、タイムズスクエアからわずか4ブロックのところにある25階のオフィス。パークアベニューと20丁目の交差点に位置するアパート。想像しうるかぎりもっとも魅力的で親密な同僚たち。そして『タイム』誌のために国際情勢（南アフリカのアパルトヘイトの終焉、フィリピンのエドゥサ革命、インディラ・ガンディーの暗殺を取り巻く騒動）について記事を書くという果てしなく興味深い仕事。わたしには扶養すべき者もいなければ責任もなく、バリからエルサルバドルにいたるまで、どこでも長期休暇を取ることができたし、実際にそうした。

しかし、そうした日々の刺激があるにもかかわらず、あまりにも駆けずり回りすぎていてどこへ向かっているのかを見定めたり、本当に幸せなのかを確かめたりする機会がない、と心のどこかで感じてもいた。充足を探し求めて駆け回ることこそ、わたしが決して落ち着いたり満足したりしないことを確約してくれる何よりの手段のように見受けられたのだ。まるで自分は、けんか腰の、闘いを挑むような口調で世界平和について延々と語る人間のようではないか、としばしば思った。

そこでわたしは夢のような生活から抜け出して、日本の古都、京都の路地裏の小さな部屋で1年間を過ごす決断をした。そのわけは自分でも正確に表現できなかった。ニューヨークでの魅惑的な活動と刺激を心ゆくまで楽しんだため、今度はもっとシンプルなもので釣り合いを取り、そうした喜びをもっと内へと向かう、恒常的なものにするにはどうすればよいのか、学ぶべきときが来たと感じたのだろう。

安定した職場を去って未知の領域へ飛び込んですぐに、父は予想通り気がかりな様子で電話をかけてきて、わたしが「ご隠居もどき」になっているとひどく叱りつけた。彼を責めることはできなかった。父がわたしのためを思って送り込んでくれた、高度な懐疑主義に基づくあらゆる教育機関では、人生の目的はどこへも行かないことではなく、この世界のどこかしらへ辿り着くことだと力説されていたからだ。しかし、わたしが惹かれていたどこでもない場所は、父に（あるいは自分自身に）説明しえないほど多くの場と次元を持っていて、都会で経験していた楽しみの尽きない生活よりももっと大きく、深遠なもののように思えた。それはわたしがやがて知るようになったモロッコやインドネシア、そしてブラジルをすべて合わせたくらいに広大な地形として広がっていた。

わたしはマーク・ロスコの抽象画展をさまよい歩き、表層の下に広がる色彩豊かで底知れない平静に引き込まれたように感じた日のことを回想した。また、ジョン・ケージがいかにして満員ぎっしりの会堂を包む沈黙から交響曲を生み出そうとしたか、ある友人がわたしに語ったときのことも思い返した。それ以上にずっと心動かされていたのは、トマス・マートン［★2］の生き様だった。人付き合いのよい旅人であり、酒豪であり、傷ついた恋人でもあった彼は、ケンタッキー州のトラピスト修道院に入って「ルイス神父」となり、己のせわしなさを目立たせないように生活を変えていった。

のちにレナード・コーエンがわたしに説いたように、どこへも行かないということは、世界に背を向けるのと同義ではない。世界をより鮮明に見て、

★2　1915〜1968年。アメリカのカトリック教会・トラピスト修道院（厳律シトー会）の司祭。人権・平和運動に深く関わり、1948年に出版しベストセラーとなった自叙伝『七重の山』でピューリッツァー賞を受賞。

もっと深く愛するために、ときどき距離を置くということなのだ。

ノーウェアという考え方、つまり自分の内面に目を向けるのに充分な時間をじっと座って過ごすという発想は、本質的にはシンプルなものである。車が壊れたときに、車体を塗装し直す方法を探そうとはしない。わたしたちの問題の大部分と、その解決策やそこから得られる心の平穏は、内側に潜んでいるのだ。自分の外側の世界で幸福を探し求めてせかせかと動き回るのは、居間で鍵をなくしたというのに、「外のほうが明るいから」という理由で通りに出てそれを探す、というイスラム教の寓話に出てくる滑稽な登場人物と同じくらい理屈に合わない。哲学者のエピクテトスやマルクス・アウレリウス・アントニヌスが二千年も前に念を押したように、わたしたちをかたちづくるのは経験そのものではなく、それに対する反応である。たとえばハリケーンが街を通り抜けてすべてを破壊し尽くしたとき、ある人はそれを解放だと感じ、再出発の機会と捉える。けれど、別の人（その人の兄弟ということもありえるだろう）は生涯にわたるトラウマを負うかもしれない。シェイクスピアが『ハムレット』に書いたように、「この世にはよいも悪いもない、よい悪いは考え方次第で決まる」のだ。

わたしたちの人生における出来事は頭の中で、すなわち記憶や想像、推測や解釈の中で起きる部分があまりに多く、そのためわたしはときどき、人生を変えるには人生の見方を変えるのがいちばんなのではないかと感じる。アメリカでもっとも賢明な心理学者、ウィリアム・ジェイムズが強調したように、「ストレスに対する最大の武器は、ある考えを別の考えより優先する力」だ。結局わたしたちの立ち位置を教えてくれるのは、訪れる場所ではなく、選び取る視点なのだ。わたしが旅をしても、その経験が意味を持ち始めてより深く根を張るのは、家に帰ってじっと座り、目にした光景を持続的な思考へと変換してからである。

旅なんて役に立たない、と言うつもりはない。エチオピアやハバナの陽に照らされた街角で、非常に有意義な平静を感じたこともしばしばある。ただ、わたしたちを高揚させるのは物理的な移動ではなく、そこに宿す精神である、と助言したいだけなのだ。19世紀のもっとも偉大な探求者の一人であったヘンリー・デイヴィッド・ソローが日記に書き留めていたとおり、「どれくらいの距離をどこまで移動するかよりも――たいていは遠ければ遠いほど良くないのだが――自分にどれほど活力があるかのほうが重要」なのだ。

日本で過ごした2年後には、わたしはノーウェアに向かってより計画的に歩きだしていた。京都は平静の片鱗を味わわせてくれたが、それでも生計を立てるためには旅をし続けなければならなかった。直前の数カ月のあいだにわたしはアルゼンチンをティエラ・デル・フエゴにいたるまで縦断し、それから中国とチベットと北朝鮮へも行く幸運に恵まれた。また、2カ月続けてロンドンとパリに行き、カリフォルニアに住む母を訪ねるために定期的に帰国していた。ベトナムやアイスランドをめぐる長く刺激的な旅も待ち受けており、数週間おきに世界との接触を新たにすることができたわたしは、あまりに多くの選択肢を与えられて甘やかされているように思えた。しかしある時点で、世界中を横断する旅が、挑戦に満ちた予期しえない場所へ深く潜り込みたいという欲求には応えてくれなくなってしまう。移動がもっとも豊かな意味を持つのは、平静という枠組の中に収められたときなのだ。

そこでわたしは車に乗り込み、母の家からカリフォルニアの海岸沿いを北上する道を辿り、友達が以前話してくれたベネディクト会の隠遁所《いんとんじょ》へ向かってさらに細い道を上っていった。ぼろぼろで埃《ほこり》まみれの白いプリマス・ホライズンから降りた途端、こつこつと音が響くような澄んだ静寂へと足を踏み入れたのだった。三晩過ごすことになっていた小さな部屋に入ると、わたしは道中ずっと頭の中で激しく巡らせていた議論や、家を出たときには急を要するように思えた電話のことを、思い出せなくなっていた。わたしは海を見下ろす長い窓のある、その部屋以外のどこにもいなかった。

外のささくれたフェンスの上にいる一匹の狐にわたしは釘づけになり、目を離せなくなった。一頭の鹿が窓のすぐ外で草を食べ始めたのが、自分の人生に入り込もうとする小さな奇跡のように感じられた。はるか頭上で鐘が鳴り響いたとき、わたしはあたかもヘンデルの「ハレルヤ」の合唱を聴いているような気持ちになった。

ほんの1日前までだったらわたしはそういった感情を笑っていたはずだ。そして礼拝堂の徹夜禱《てつやとう》に参加してすぐに呪縛は解かれた。どんな言葉よりも沈黙のほうがずっとわたしを元気づけてくれたのだ。ほとんど一瞬にして、わたしは発見した。気を逸らされることなくひとつの場所にいられるのなら、世界は明るくなり、我を忘れたときと同じくらいに幸福になれる。天国とは、ほかの場所のことを考えずにいられる場所なのだ。

いままでそこを見たことがなかったにもかかわらず、知っているところに呼び戻されたような感じが少しした。もしも僧侶たちに尋ねていたら（実際にそうしたわけではないが）、こう語ってくれただろう。生活の本質のように感じられるもの、移ろいゆくわたしたちの思考の裏側にある不変で議論の余地のない何かを見つけることとは、発見というよりは回想に近い、と。

感動のあまり、去り際にまた予約をし、再び隠遁所を訪れた。しかも今度はまるまる2週間の滞在だ。その後もまた同様の予約をした。すぐに、平静に足を踏み入れることがわたしを元気づけるいちばんの贅沢になった。とはいえ、ずっと隠遁所にいるわけにはいかなかった。なにせわたしはひとつの場所に腰を据えるのが得意ではなかったし、いかなる信仰心も持ち合わせていないからだ。しかし、静寂の中で過ごすことが、日常におけるその他のすべてに対して新たな価値と刺激を与えてくれると感じてはいた。それはまるで自分の人生からすり抜けて、より広く景色を見渡せる小さな丘を登っているかのようだった。

多くの場合、それは純粋な喜びでもあった。あらゆる本をあたかも自分で書いたかのように読みながら、その部屋でじっと座るということを満喫していたせいかもしれない。隠遁所で出会う人々――銀行家や教師、そして不動産のセールスマン――はみんなわたしとほぼ同じような理由でそこにいて、それゆえにほかの場所で会う旅人たちとは違って自分の仲間みたいだった。日常に戻ったとき、わたしは自分の考えや野心、ひいては自分自身を、そこまで真剣に受け止めなくてもいいという解放感を覚えていた。

このちょっとした静寂の経験は、わたしが日頃感じるものごとのほとんどとはかけ離れたとても革新的なものだった。そのためわたしは、もっと自分の生活を変えようと決心した。じっと座るという行ないがどれほど大きな変革たりうるかを発見した1年後に、わたしは完全に日本に移住した。引っ越し先は人形の家みたいに小さなアパートで、わたしと妻には車も自転車もなく、寝室もなく、内容を理解できるテレビもない。わたしにはまだ家族を養ったり、紀行作家やジャーナリストとして世界の動きを追いかけたりする義務がある。しかし、それ以外の邪魔や厄介ごとから解放されたことで、毎朝目が覚めると、山のほうへ広がる何もない草原のごとくその日を見渡せるようになった。

誰もがこうした行ないに至上の喜びを感じるわけではない。もしかすると、それなりの数の代替案を試さないと静かに佇むことに意義を見いだせないかもしれない。しかし、友達がわたしにバカンスの行き先を提案するよう求めてくるとき、特にビザや注射や空港の長蛇の列を避けたがっている場合には、ノーウェアに興味がないかと彼らに尋ねたりする。ノーウェアの美点は、その方角を目指して旅立ってもどこへ行き着くかわからないうえに、どこまでも地平線を見通せるにもかかわらず、道中で何を目にするかがほとんどわからないところにある。レナード・コーエンがじっと座ったままわたしに心の底から実感させてくれたように、まるで恋をしているかのごとく意識を目覚めさせ、気持ちを朗らかにし、鼓動を高鳴らせてくれるという、深い恩恵がそこにはある。

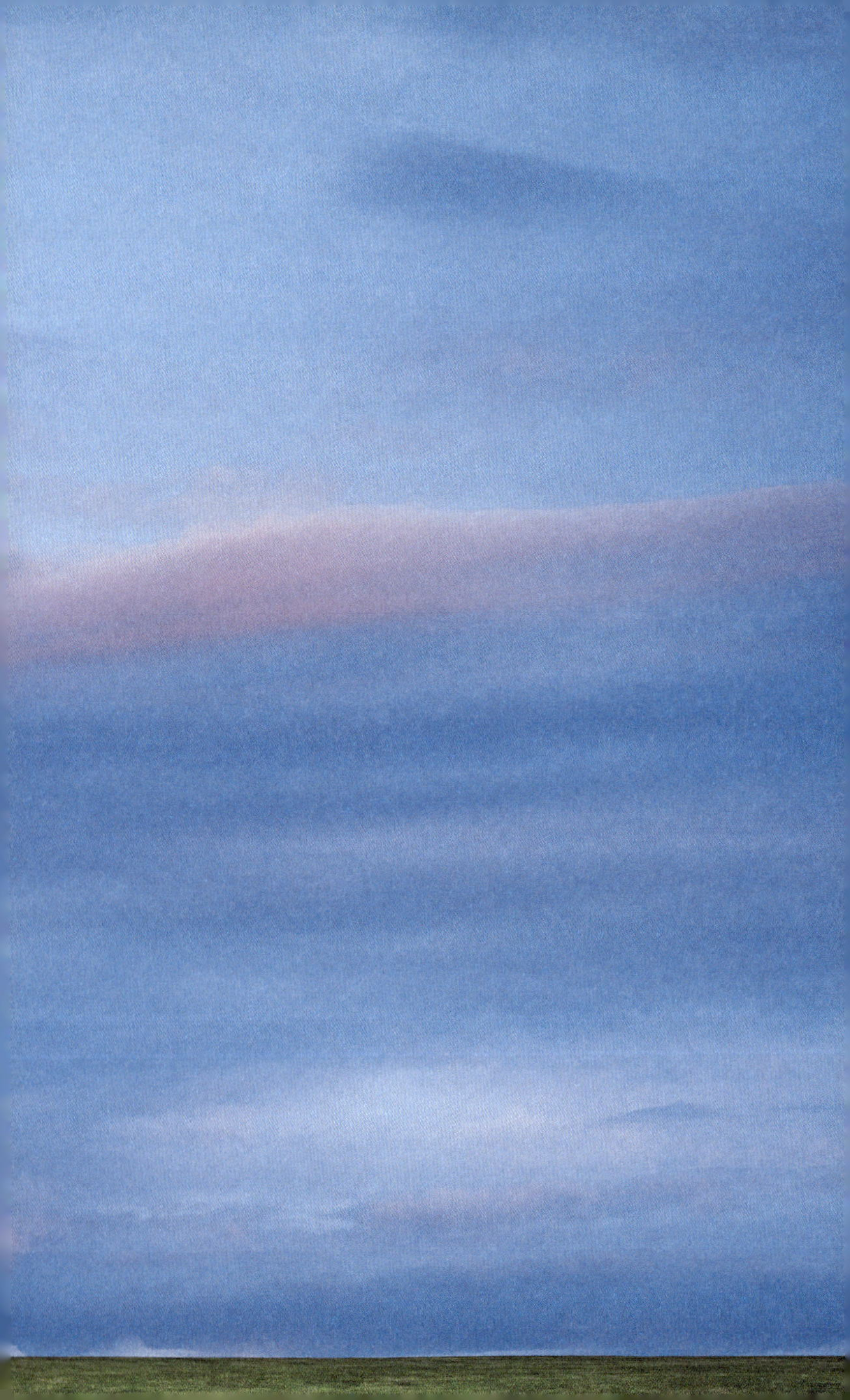

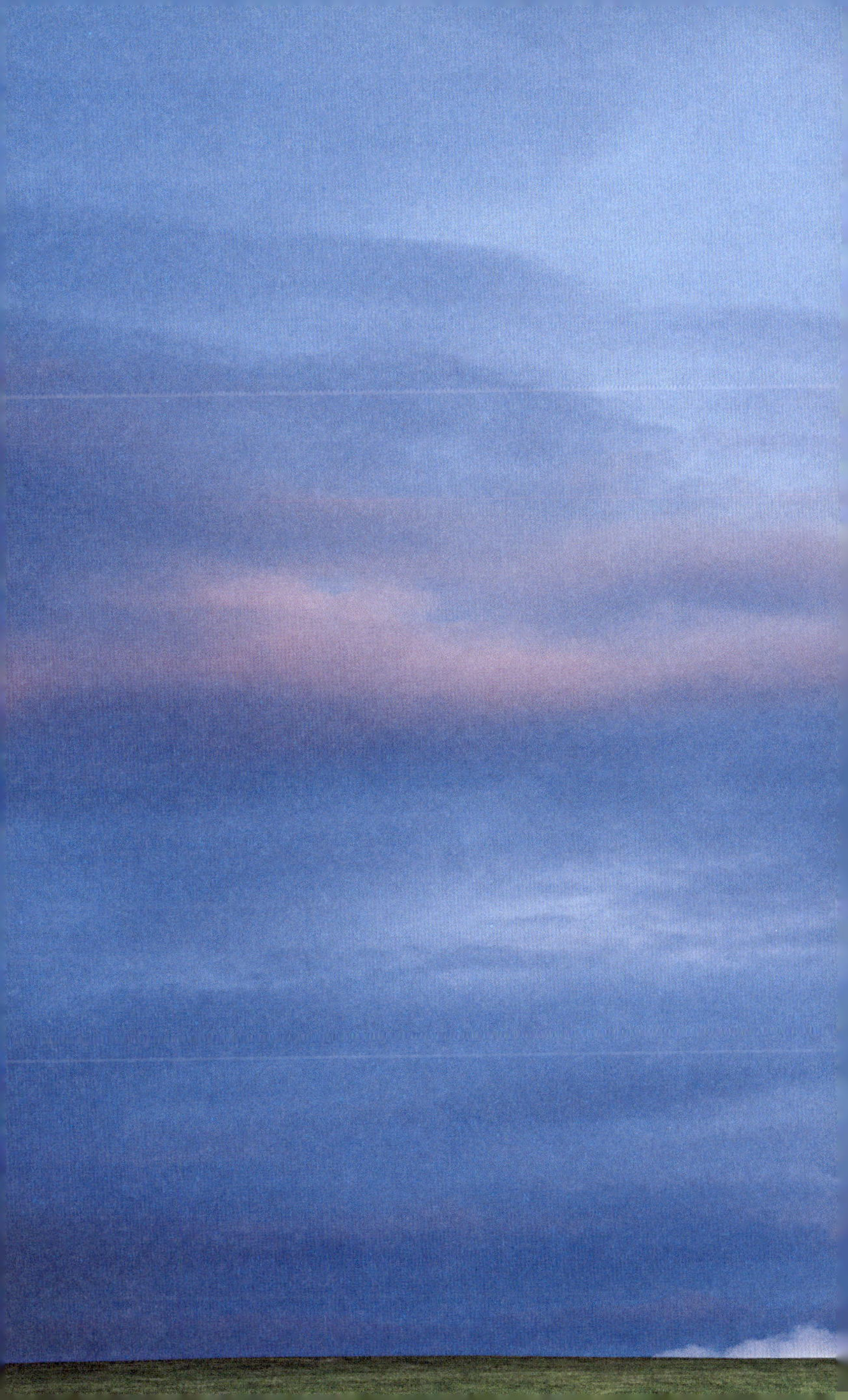

第2章

平静の海図

言うまでもなく、作家たちは職業上どうしても多くの時間をどこへも行かずに過ごすことになる。作品は外界に出て印象を集めているときではなく、じっと座ってそれらの印象を文章に置き換えているときにできてゆくものだ。だからわたしたちの仕事は平静を通じて、動きに満ちた生活を芸術へと変換することだと言えるだろう。じっと座っている場所がわたしたちの仕事場であり、ときには戦場でもある。

わたしが日本で文章を書くのに使う明るい木目柄の子供用机には、いつも話し相手が一人いる。彼はきらびやかなパーティや戦争、魅惑的な美女、社交界で力を振るう女性や劇場での宝石に彩られた夜にまつわる物語を、顔を輝かせながら話してくれる。しかし彼――マルセル・プルースト――がこのにぎやかな世界をわたしのもとへ届けるためには、コルク張りの部屋に何年もほとんどひとりきりでじっと座り続けなければならなかった。いかにして人が頭の中で世界を永続的なかたちにつくり直すのかを、模索する必要があったのだ。

実際それは、ときにタイトルが「過ぎ去りし諸事の記憶」とも訳される壮大な小説、『失われた時を求めて』の根底にある考えだ。路上で赤の他人を見かけ、目が合う。これはほんの一瞬の出来事だ。しかし、家に帰ってからそのことについてずっと考え続け、その目配せが何を意味していたのか理解しようとし、それをいろいろな角度から検証して、その周りでさまざまな未来像や空想を繰り広げる。一瞬の経験がわたしたちの頭の中で一生演じられ続ける。それはわたしたちの生涯の物語にすらなってしまうのだ。

日本でわたしに寄り添うもう一人の話し相手は、わたしがダラムシャーラーからボゴタへ、そしてバルバドスへと旅をするティーンエージャーだった頃からずっと一緒にいる。彼もまたさすらいの吟遊詩人であり、デビューアルバムには「旅」という言葉を中心に据えた楽曲が4曲も収録されていた。レナード・コーエンが世に送り出した最初の歌は、煙のように巻き上がっているハイウェイを背にして古い列車の時刻表を取り出す男について歌ったものである。また、ファーストアルバムの中でもっとも心にしみる楽曲のひとつでは、「自分の時間をさまよう」必要があるという理由で一人の女性に別れを告げる。

レナード・コーエンは旅人たちにとっての桂冠詩人となった。どのようなかたちであれひとつの場所に落ち着くことを拒み、人が彼に抱くいかなる期待の範疇にも留まらない「ジプシーボーイ」だった。しかし、自分が静止したときにだけ心がはるかに深く動かされることを、彼も多くのさすらい人と同じく常にわかっているように思えた（初期の詩に、彼はこう書いている。「いまわかった／多くの男が、置き去りにする愛と探し求める愛のちょうど真ん中で立ち止まって涙し／そして果たして旅がどこかへ導いてくれるのだろうか、と思う理由が」）。

自分の心をもっとも直接的に探ろうとするとき、コーエンは自分にとって最高の旅が内面的なものだったとよく認めていた。禅センターに通うことについて、いかにも彼らしい毅然とした歌の中で、こう打ち明けている。「触れられるものを完全になくしたいと心から望んでいた／そういう意味ではわたしはいつも強欲だった」

山頂近くのがらんとした集会場にあるレナード・コーエンの休息の場を初めて訪ねてから10年近く経ったとき、今度はチューリッヒで別の意外な異端者に出くわした。わたしはブリトニー・スピアーズも最近訪れた1万3000席のホール、ハレンシュタディオンにいた。当時わたしはダライ・ラマ14世の国際的な活動について書いていて、そのとき彼はそこで菩薩《ぼさつ》の生き方について難解な講演を行なっており、なぜ涅槃《ねはん》(「吹き消された」を意味するサンスクリット語「ニルヴァーナ」に由来する言葉だ)に到達した一部の人間は現世に戻って、取り残されたわれわれを救おうとするのかを説明していた。

その場にいた英語のネイティブスピーカーのほとんどはわたしと違って仏教徒で、その多くは、フランス語で説かれる複雑で哲学的な教えを理解できるものならしようと努めていた。ダライ・ラマの言葉がフランス語の通訳を介してあまりによどみなく流れていたせいだ。通訳の名前はマチウ・リカールといって、パスツール研究所においてノーベル賞受賞者のフランソワ・ジャコブの指導を受け、分子生物学の博士号を取得していた。マチウの父親、ジャン=フランソワ・ルヴェルは長らく『エクスプレス』誌の編集者を務め、フランスを代表する知識人の一人として賞賛されていた。母親のヤネ・ル・トゥムランは抽象画家として有名だった。マチウが子どもの頃には、ルイス・ブニュエル、イーゴリ・ストラヴィンスキー、そしてアンリ・カルティエ＝ブレッソンが家族とともに食卓を囲んでいた。

しかし、21歳になるとリカールはネパールを旅行し、そこでチベットの僧侶たちとの出会いに喜びを感じるとともに、彼らの洞察力を目の当たりにした。深い感動を覚えた彼は、その5年後に科学者としての有望なキャリアを捨て、ヒマラヤの山中に隠れて暮らすべく旅立った。チベット語を学び、僧衣をまとい、12年以上ものあいだチベットの宗教指導者ディルゴ・ケンツェ・リンポチェの従者をしながら彼に学んだ。1990年代半ばのあるとき、マチウの父はネパールへ飛んで、そこで息子との語らいに10日を費やした。「もっとも純粋な心の本質を抽出するために生活を簡素化することほどに価値あるものは、これまでの人生経験の中で見当たらない」と(いかにもレナード・

コーエンが書きそうな感じで）科学者の息子がどうして書いたのかを探るためだ。

その対話から生まれた本、『僧侶と哲学者』はフランス国内で50万部近く売り上げた。その理由のひとつは、リカールが間違いなく父から受け継いだデカルト的な明晰さと雄弁さでもって、彼が身につけた仏教的な「心の科学」を肯定できたからである。たとえば、世界に捕らわれてそこで幸福を見つけようと期待することが、火の中へ手を伸ばして火傷《やけど》しないように願うことと同じくらい、いかに理に適わない行為であるか。彼以上にこれをうまく説明できる者に、わたしは会ったことがない。

出会うほんの少し前に、リカールはウィスコンシン大学の研究者による実験の最初の被験者を務めていた。科学者たちは数百人もの志願者の頭蓋骨に256個の電極を装着し、ポジティブな感情を検証すべく3時間半のあいだ彼らに対して継続的にｆＭＲＩスキャンを行なった（のちの実験では共感、情動反応を制御する力、そして情報処理能力についても検証した)。被験者たちはあらゆる点において似通っていた。静かに佇むことを習慣づけている人と、そうでない人がいる、というただ一点を除いて。リカールのポジティブな感情のスコアは、僧侶ではない被験者の平均値をあまりにも上回っていた。そのため、研究者たちは1万時間ないしそれ以上の瞑想を経験した大勢の人々と、そうしなかった大勢の人々とで検証したあとに、次のように結論せざるをえなかった。何年もじっと座ってきた人々は文字通り規格外の、神経学の研究において前例のない次元の幸福に到達していた、と。

わたしたちがチューリッヒで出会った頃には、この59歳のフランス人は決まって「世界でもっとも幸せな人間」と形容されていた。彼は引っ張りだこになっていて、ダボスの世界経済フォーラムではどのようにして幸福を筋肉と同じように鍛えられるのかを説明し、インドでは物質を研究する科学者と精神を研究する科学者とのあいだで開かれる会議に参加した。また世界各地でダライ・ラマの通訳を務めつつ、平静の中で明確になった優先事項として、チベットでの病院や学校、橋の建設に力を注いだ。初めて出会ってすぐに、わたしはいかにも旅行者らしい質問をした。どうやって時差ぼけに対処しているのでしょうか。彼は驚きの目でわたしを見た。「わたしにとってフライトは空への束の間の隠遁にすぎないんだ」。マチウは、誰もがそうは思い至らないことに驚いているかのように言った。「そのあいだわたしにできることは何もないから、実はなかなか解放的ですらあるんだ。ほかに行ける場所なんてどこにもない。だからわたしはただ座って雲や青空を見つめる。すべてが止まっていて、しかもすべてが動いている。美しいことだよ」。言うまでもなく、雲や青空は仏教徒が心の本性を説明する際に用いるたとえである。雲が心をよぎることもあるが、だからといって必ずしも遮られたその向こう側に青空が存在していないわけではない。青空が再び姿を現すまでじっと座っている忍耐力が必要なのだ。

その説明は、数年後に彼が一冊の写真集を出版したときに、新たな意味を持った。わたしにとってその本は究極の旅行記に思えた。彼は1年の大半、ネパールのとある山頂の小屋で隠遁生活を送り、週に1、2回外に出て玄関先に広がっている景色を撮影した。多少の差はあってもほぼ同じ眺めなのだが、曇りや雨といった気候の変動、冬から春へといった季節の流れ、そしてレンズのうしろにいる男の感情の移ろいに合わせて、それは姿を変えた。

その本をめくりながら、マチウが母親からは平静の技法に適った目を、そして父親からは分析的な思考を平等に受け継いでいることに、わたしは気づいた。「ノーウェアの画集」とも言うべきそれらの写真には、魔法が宿っていたのだ。わたしは彼の作品の中にインドネシアとペルーを、日に照らされた谷と暗雲が立ちこめる嵐の空を見た。それはあたかも世界のほぼすべてが彼の小屋を訪ねていたかのようだった。彼が『モーションレス・ジャーニー』、すなわち「移動のない旅」と名づけたその本は、いかに万物が変化し、それと同時にまったく変化しないか、という探究であり、見る者がどこにも行かずとも、いかに同じ場所が違ったように見えるか、という模索でもあったように思う。

しかし、この本を忘れがたいものにしている最大の要因は、それが本質的には内なる心象風景の描写だということだ。あなたがノーウェアへ向かっているとき、あなたの心は、そしてあなたの人生は、このように見えている。そこはいつでも新しい色彩、新しい風景、新しい美に満ちており、それらは多かれ少なかれ手を加えられていないありのままの状態で、常にそこにあるのだ。

第3章

暗闇にひとり

もちろん、囚人や病人のように、自ら選んだ覚えのないノーウェアにいたいと思う人はひとりもいないだろう。わたしは北朝鮮やイエメンといった、閉ざされていたり貧しかったりする世界中の地域を訪ねるたびに、そこに生まれたほぼすべての人がほかの場所への移住や、ほかの人と同様に他国を旅する自由を渇望するのも無理はないと感じる。カリフォルニアのサンクエンティン州立刑務所からインドのニューデリーにいたるまで、囚人たちは瞑想を教わるが、それはあくまでも幽閉生活の中にも開放的な瞬間がありうると理解するためのものだ。そうでなければ、独房に暮らす人々はエミリー・ディキンソンが「静かな火山の生命」において経験したような恐怖や幻覚に苛《さいな》まれるかもしれない。

わたしはかつてカナダのアルバータの森へ入り、来る日も来る日も小屋の中に座り込んだことがある。家からほとんど出なかったことで知られる詩人、ディキンソンの書簡集を読みふけっていたのだ。彼女の情熱は、目を逸らさずにはいられなくなるまでわたしを揺さぶり続けた。その感情はあまりにも強烈で内側にこもっていた。彼女の言葉は宝石箱の中の爆発物だった。わたしは白に身を包んだ彼女と並んで窓辺に立ち、彼女の兄とその若き妻スーザンの暮らしぶりを見つめている姿を想像した。兄夫婦は、彼女の家の庭の向こう側、90メートル先にある家に住んでいたのだ。ディキンソンはスーザンに、きわめて情熱的な手紙を何通か書いていた（「ああ、わたしの愛しい人」「わたしの心はあなたでいっぱいで、あなた以外のことは何も考えられません」）。

わたしは彼女が居間をすり抜けるのを感じた。そのとき彼女の兄は隣室で浮気相手との情事にふけり、兄妹が愛する「スー」を裏切っていた。わたしには見えた。怒りに駆られたディキンソンが、孤独の中で内なる世界を広げながら「マスター」に宛てて熱のこもった手紙をしたためる様や、「暗闇のほうが、あなたの姿がよく見えるのです」と綴《つづ》る姿が。

ベッドに横たわり、静寂の中で闇の深さを測っていると、死神が呼んでいるのが聞こえる、と彼女は書いた。繰り返し死後の自分を想像し、彼女の脳の中では弔問者《ちょうもんしゃ》が「踏み歩いて、ただ踏み歩いて」いた。部屋だけではなく生きた人間も何かに取り憑《つ》かれうることや、「自分の背後に潜む自分こそ何にもましてぞっとするもの」だということを彼女は知っていた。その不穏な言葉はあの哀れなハーマン・メルヴィルを、そしてまた彼が描いた動かぬ幽霊、バートルビーをも喚起する。「よそへ行くのは気が進まない」と言いながら、マンハッタンの南にある弁護士事務所に居座るバートルビーは、いわば簡易版の「ウォールストリート占拠運動」を展開した、洗練された物言いをする亡骸《なきがら》だ。

　ノーウェアは、たとえ自分で選んだ目的地であっても恐ろしい場所たりうる。なにせそこには隠れるところがまったくないのだ。頭の中に閉じ込められてあなたは発狂するかもしれない。あるいは、ただただ家に残り続けるように命じる悪魔とふたりきりで取り残され、思考の内側に捕らわれて抜け出すことも意志の力を発揮することもできなくなるかもしれない。

　静かに佇む生活はときとして芸術ではなく、疑念や怠慢につながりうる。光を見たいと切望する者は、暗闇の中でたったひとり、長い夜を重ねることを誓わなければならないのだ。ある僧院を訪ねた際、わたしはそこへ逃避したり、ひとときの情熱に駆られてそこへ通ったりするのがどれだけ簡単かということにも気づいた。あらゆる恋愛と同様に、静寂とのロマンスの始まりは、やがて来る困難をほとんど予感させないのだ。

真冬に僧院へ戻ると、天候が悪い中で車を停めることもあった。雨は夜通しトレーラーのブリキ屋根を打ち続け、大窓からは一面の霧以外に何も見えなかった。何日ものあいだ他の生き物の姿を見ることも声を聞くこともなく、そこで過ごす時間は試練のように、孤独に耐える苦行のように感じられた。雨がやまないため外出できず、身動きの取れない惨めなわたしは霧の中で座り込んだ。外界の環境があまりにもたやすく内面の環境を反映し、ときにはその触媒にすらなりうることを、わたしは思い知らされた。

かの雄弁な僧侶、トマス・マートンが言ったように、「思索の道は道ですらなく、それを辿っても見つかるものは何もない」。また、「思索や――なおひどいことに――幸福の追求という確固たる目標を持って取り組むと、どちらにもありつけない。なぜなら、どちらもまずは何かしらのかたちで断念しないと見つけられないものだからである」。実のところ、これがじっと座る際の鉄則のひとつである。こうした言葉は逆説的で、禅の公案と同じくらい難解だったが、根本は理解できた。じっと座っているとき、人はしばしばひとりきりで、持っていないすべてのものの想念と向き合っている。すると逆に、持っているものが本当に取るに足らないものに見えてしまうかもしれないのだ。

ケンタッキー州ルイビルを訪れていた初夏のある朝、トマス・マートンが四半世紀以上も暮らしていた修道院まで、新しい友人が乗せていってくれた。あっという間に街からは遠ざかり、ときおり外側に十字架（あるいは聖書からの文言）のある家を目にしながら、何もない緑の草原を走り過ぎていった。マートンによって有名になったその場所――ヴィクトリア朝時代の精神病患者が収容された暗い療養所のように、重苦しく近寄りがたい場所だった――に着いたとき、彼のもとで学んだ背の高い、もの静かな修道士が、ルイス神父（そこではマートンはいまだにその名で知られていた）の庵室《あんしつ》の案内を申し出てくれた。マートンは修道院ですら騒々しくて気が散ると感じ、最期の2年間をほとんどその庵《いおり》で過ごしたのだ。

墓地を横切り、野原を通り過ぎた。「この3年のあいだ……」と、70代前半にもかかわらずはつらつとして足取りの早い修道士は言った。「わたしは恋をしてるんだ」。彼は言葉を切った。「エミリー・ディキンソンという女性とね」

わたしたちは何も答えず、僧衣の男のうしろについてやや立てつけの悪い小屋へ入った。小屋はマートンが描写したとおり「杉材でできた大きな十字架の陰」にあり、隣には納屋が、そして前には椅子がひとつ置かれた小さなポーチがあった。

中は修道士の基準で言えばゆとりがあったが、家具は慎ましやかなものだった。わたしたちのツアーガイドは座って、ライナー・マリア・リルケの詩の何節かを暗唱し始めた。「いつでも世界は存在し」、とそのオーストリアの詩人は書いた。「ノーのないノーウェアは絶対に存在しない。ノーとは人が求めずとも空気のごとく呼吸し、際限なく知っているあの純粋で不可分な要素である」

その次はディキンソン。

脳は空より広い
だからふたつを並べると
脳は空を包みこんでしまう
空だけでなくあなたまでも

それから修道士は立ち上がって本棚から適当に一冊の本を取った。「ここを案内するときには、ルイス神父の日記からなにか読むのが好きなんだ」と彼は語った。「みなさんのもとへ彼の魂を連れ込むんだ。彼がここにいると感じられるように」

修道士は適当なページを開いて読み始めた。

「わたしたちは鰊《にしん》とハム（たいした食事じゃない！）を食べ、ワインを飲み、詩を読み、自分たちの話をし、それから5時間を費やしてひたすら何度も愛を交わした。わたしたちの愛は常に純潔であり続けるべきで、それは不可欠な犠牲なのだと何度も繰り返し確かめて同意したにもかかわらず、結局わたしたちは少なからず欲情してしまっていた。でも実のところ、それはまったくの過ちではなく、むしろきわめて正しいことのように思えた。わたしたちは全身で愛し合い、わたしは彼女の存在が（性別を除いて）完璧にわたし自身になっているという完全な感覚を得ている」

それは出版された日記の第5巻の一節であり、ときとして怒りに満ちるマートンの内省の中でももっとも驚かされる箇所かもしれない。51歳のとき、彼は背中の手術のためにルイビルのセント・ジョセフ病院に入院した。修道院を発つ前には、「わたしには医者と忌々《いまいま》しい錠剤が役に立つとはあまり思えない」と、そのようなところへ行くのをあざ笑っていた。そして出発前日の朝には、自分を安心させるかのようにこう書いた。「わたしはようやく孤独の中に落ち着こうとしているところだ」。もし死んだら、唯一の後悔は「これから過ごせたかもしれない孤独の年月を失ってしまうこと」だ、とも。だが入院中に、彼の介護を手伝っていた「とても親切で献身的な」21歳の看護実習生と、あっけなく混沌とした恋に落ちた。四半世紀近くも世界から隔絶されて生活した挙げ句に。

マートンは何百ページも費やして彼女への想いを日記に書き殴っており、それを通して読むのは苦痛だ。まるで平静や真実をよく知るこの賢人が再び思春期の少年に戻り、純潔を誓って以来忘れていた類いの愛情を整理しようとしながらベッドでのたうち回っているかのようである。彼はその若い女性に手紙や赤裸々な懇願を浴びせ、修道院の兄弟たちが夕食をとっているあいだに食糧保管係の事務室から無許可で電話をかけた。ほかの修道士に立ち聞きされると、辛抱強い修道院長に(「電話のことだけは!」)打ち明けたが、それでも彼は聖職を投げ打って「M」とともに駆け落ちし、離島で一緒に暮らしたい、と彼女に話し続けた。

「(先週の日曜には、こうなるかもしれないと考えただけで苦悶と恐怖に身を引き裂かれたが)わたしは今溢れんばかりの平穏に満たされている」とマートンは記した。「わたしはMの中のある種対立的で女性的な知恵に再び降伏したのだ。それは彼女の優しさをもっとも必要とするわたしの傷を本能的に見つけ出し、持てる愛のすべてをそこへ惜しみなく注いでくれるものだ。不純に思うどころか、わたしはむしろ浄化されているように思う(これは先日ネッド・オゴーマンに宛てた『七つの言葉』の中でも書いたことだ)。何年にもおよぶ狂乱じみた抑圧を経て、わたしはどういうわけか自分の性的欲求が再びよみがえり、強力なものになったと感じている(完全に抑制していると思っていたが、それは錯覚だったのだ)」

あっぱれなことに、目の前にいる修道士はそのくだりを最後まで読み、言いよどむこともなければ、ほかの一節のほうがためになると判断することもなかった。Mと出会うほんの1年前、新たな庵室を得て有頂天となっていたマートンはこう書いていた。「森の静寂と結婚しようと決めた。全世界の甘美で謎を秘めた温もりこそがわたしの妻となる」。しかし、マチウ・リカールの写真に収められた空と同じように、その決意も変わってしまったみたいだった。自分の内なる影は、単に遠ざかるだけでは克服できないのだ。

第4章

平静がもっとも必要とされる場所

すでに述べたように、どこにも行かないという発想は重力の法則と同じくらい普遍的なものである。だからこそ、あらゆる文化と時代の賢者たちがそれについて論じているのだ。17世紀のフランスの数学者であり哲学者でもあるブレーズ・パスカルが「人間の不幸は、ただひとつのこと、ひとつの部屋に落ち着いてじっとしていられないことからやって来る」と記したことはよく知られている。氷点下56度を下回る南極の小屋で5カ月近くひとりきりで過ごしたリチャード・E・バード提督は、「世界の混乱の半分は、必要なものがどれほど少ないかをわたしたちが知らないことに起因している」という確信とともに帰還した。また、京都周辺の人々はたまに「まあ、一服しておくれやす」と言うことがある。

しかし、今の基準で見ると、パスカルやバード提督の時代ですら明らかに平穏そうだ。あなたが本書を読むあいだに全人類が集めるデータは、アメリカ議会図書館全体に現在ある分量の5倍だ。本書を読んでいる人は今日1日のあいだに、シェイクスピアが生涯をかけて得たのと同じくらいの情報量を取り込むことになる。「中断の科学」という新分野の研究者たちは、1回の電話のあとに作業効率が回復するまで平均で25分かかることを発見している。しかも、その手の妨害は11分ごとに発生する——つまりわたしたちは決して自分の生活に集中できないのだ。

われわれのもとへ流れ込む情報が増えれば増えるほど、一つひとつを処理するための時間は減ってしまう。テクノロジーがわたしたちにもたらさない最たるものは、テクノロジーを最大限有効に活用する方法を考える力だ。別の言い方をすれば、かつてあれほど重要だった情報収集能力は、いまや情報処理能力よりもはるかに重要性が下がっているのだ。

騒々しくごみごみとしていて、刻一刻と絶えず変化し続けている巨大なキャンバスの真ん前に立っているように感じてしまうことが多々ある。もっとうしろに下がってじっと立つことではじめて、そのキャンバス（つまりわたしたちの人生）が本当は何を意味しているのかが見え始め、全体像を理解できるのだ。

世界を旅しているときにいちばん驚いたことのひとつは、最新のテクノロジーに制限を設けることの必要性を熟知している人々が、しばしば、かつてそのテクノロジーの開発を手助けし、それまでのたくさんの限界を乗り越えた張本人でもあるという事実だ。要するに、世界を加速させるのに一役買った当人たちが、減速という美徳に対してもっとも敏感な人たちでもあるのだ。

ある日、わたしはダライ・ラマについて書いた自著の話をするためにグーグルの本社を訪ねた。多くの訪問者と同じく、トランポリンや室内にあるツリーハウス、そして当時の社員たちが勤務時間の5分の1を自由に使って楽しみ、インスピレーションが潜んでいるかもしれない場所へと自分たちの心を解き放っている様子を目にして、感銘を受けた。

しかし、それ以上に印象深かったのが、デジタルＩＤの発行を待つあいだに挨拶に来た2人である。1人は名刺によればグーグルプラスのチーフエバンジェリスト（自社製品の啓発活動を行なう責任者）で、見るからにはつらつとした、明るい目をしたインド出身の若者だった。彼はヨガを学んでいる多くのグーグル社員《グーグラー》がヨガ指導まで行なえるように訓練する、「ヨーグラー」プログラムを立ち上げようとしているところだった。傍らに立ったのは熟練のソフトウェアエンジニアで、「サーチ・インサイド・ユアセルフ」と題した、有名で人気もある7週間の研修プログラムを運営していた。そのカリキュラムは、瞑想が明晰な思考と健康な肉体だけでなく、感情的知性《エモーショナル・インテリジェンス》にもつながるという数量化可能な科学的根拠を、千人以上のグーグラーに提示してきた。

2人が自らの意思でペアを組んだのは疑うべくもない。ダライ・ラマについての話を聞きたがるのは、まさにこういう人たちなのだ。どの会社にもチーフエバンジェリストがいて、自分の知見を分かち合うことに熱心だ。しかし、ヨーグラープログラム創設者のゴピが、昼夜を問わず会議室へ入って目を閉じることがいかに簡単かをあまりにもたくさん話すので、わたしは感心してしまった。その言葉もまたディキンソンの詩を思わせるものだった。

外面は内面から
その巨大さを引き出す
中心の気分に応じて

公爵のこともあれば小人のこともある

シリコンバレーの住民の多くは毎週「インターネット安息日」なるものを行なう。たとえば金曜日の夜から月曜日の朝までのあいだ、ほとんどの端末の電源を切るのだ。もっとも、これはオンラインでの仕事に戻った際に必要な、バランス感覚や方向性への意識を取り戻すためではあるが。このことをわたしに思い出させたのは、新たなテクノロジーのもっとも情熱的な代弁者である（そして『ワイアード』誌の創刊時の編集長でもある）ケヴィン・ケリーだった。彼の最新の著作は、テクノロジーがいかに「わたしたちの個人としてのポテンシャルを拡張」しうるか、というテーマで書かれていたが、彼の家にはスマートフォンもノートパソコンもテレビもない。今でもケヴィンは、バーチャルではない世界に根ざしたままでいるために、コンピュータなしでアジアの村々を何カ月も旅する。「私は自分が誰であるかを思い出すために、豊富なテクノロジーを手の届く範囲に遠ざけている」と彼は書いている。

いまや、ミネアポリスにあるゼネラル・ミルズ社の敷地の全棟に瞑想室があるし、ティム・ライアン下院議員は下院の同僚たちを先導してじっと座るセッションを行なっている。ライアンは彼らにこう強調している。瞑想が少なくとも血圧を下げ、免疫力を高める手助けをし、脳の構造すらつくり変えうるのを科学者たちは発見した、と。そこにはもはや宗教やその他の教義との関連性はほとんどなく、（メンタルな）ヘルスクラブへ通うようなものだ。

実際、アメリカの企業の3分の1が現在「ストレス軽減プログラム」を実施しており、その数は日々増えている。労働者たちが精神の動脈の詰まりの解消を非常に爽快だと感じているのも、その理由のひとつだ。大手ヘルスケア企業のエトナ社で同様のプログラムに参加している人々の30パーセント超が、毎週たった1時間ヨガを行なうだけでストレスのレベルが3分の1も低下するのを目の当たりにした。コンピュータチップを製造するインテル社は毎週火曜日に4時間の「沈黙の時間」を試行した。そのあいだは「考える時間」をつくるために300人のエンジニアとマネージャーがメールと電話を止め、「お静かに」と書かれたプレートをオフィスのドアに掲げるよう命じられた。あまりに好評だったため、同社は8週間におよぶより明晰な思考を促すためのプログラムを開始した。ゼネラル・ミルズ社では、同様の7週間のプログラムを実施したあと、上級管理職の80パーセントが判断力の向上を報告し、89パーセントが以前より聞き上手になったと語った。このような展開により、アメリカ企業は毎年3000億ドルも節約している。さらに重要なことに、「ストレスこそが21世紀における最大の伝染病となる」という世界保健機関の発表が広く引用されている時代において、こうした取り組みはある種の予防薬として機能するのだ。

精神を鍛えるトレーニング——実質的には、どこにも行かないこと——がこのような前進志向の世界に持ち込まれているのは奇妙に映るかもしれない。

後退を進歩のための最良の手段と見なすような企業は、単に新鮮で想像性に富む手段を従来通りの低俗な目的のために用いているだけかもしれない。わたしからすると、じっと座ることの意義は、まさに前進という発想そのものを見通す手助けをしてくれる点にあるのだ。それは鎧のような自我を自分から引き剝がし、もっと重要なものによって自分が定義づけられる場所へと導いてくれる。もしその行為に利点があるとすれば、それはいわば、利率が高いものの非常に長い時間をかけて利回りをもたらすような、目には見えない口座に眠っている。その利子は、医者があなたの病室に入ってきて首を横に振ったり、あなたの車の前に別の車が突っ込んできたりというような、避けようがない瞬間、すなわち深く潜り込んだ時間にあなたが集めておいたものしか頼みの綱がないという瞬間に引き出されるために、そこにあるのだ。しかしそれでも、明晰さと集中力が生きるうえで必要だということについては疑問を抱く余地がないし、リスクが非常に大きい場面ではなおさらである。

ある春の朝、わたしの隠れ家と化していた僧院（なにせシリコンバレーから車でわずか数時間の場所にあったのだ）の部屋のドアをノックする音が聞こえた。開けると、そこには面識はないものの文通によってささやかな交流を持っていた若い友人が2人立っていた。エマはスタンフォードのとあるリサーチセンターの副ディレクターで、婚約者（今は夫）のアンドリューは海兵隊員だった。わたしたちは青く広がる太平洋を見下ろす小さなベンチまで歩いた。目の前には島もなければ石油リグもなく、鯨《くじら》もいなかった。エマは、かつてウィスコンシン州でポストドクターだった頃、どうやって1年かけて研究費を稼いだかを説明した。研究の内容は、PTSD（心的外傷後ストレス障害）の可能性に直面している退役軍人が、静かに佇むトレーニングを積むことによって救われるかどうかを観察する、というものだった。

彼女の話では、研究所に姿を現したのはわたしも予想したとおり、大酒飲みで刺青《いれずみ》だらけの、バイクを乗り回す中西部出身の男たちで、「ヒッピーの戯《たわ》言《ごと》」と自分たちが呼ぶものに対して、まったく関心を持っていなかった。彼らからすれば、試されているのは自分たちではなくエマのほうだった。そこで彼女はそのうちの10人にヨガをベースにした呼吸法のプログラムを1週間受けさせた。どこへも行かず静かに佇む計25時間のコースを終えたとき、彼らはストレス症状や不安感が大幅に減少し、呼吸の頻度も著しく下がったと報告した。トレーニングを受けなかった側の10人に変化は見られなかった。

科学者を職業とする彼女は、実験によって裏付けを取れるものしか信頼できなかった。そのため彼女は退役軍人たちの驚愕反射［★3］を検証した。原則として、過剰な警戒状態にある退役軍人は驚愕反射が異常に強く、これがしばしば不眠や過度の恐怖反応の原因となっているのだ。彼女は検証結果の数値が、プログラムを実施した退役軍人たちの主観的な報告とぴったり呼応するのを発見した。また、「あなたはわたしを生き返らせてくれた」と語って彼女を驚かせた者も複数いた。プログラム終了から1週間後、さらにその1

年後に、再度サンプル集団を検査したが、症状は改善されたままだった。この予備実験を記録した彼女の論文は査読を経て『ジャーナル・オブ・トラウマティック・ストレス』誌に受理された。

それからアンドリューが話をした。わたしとエマの座るベンチのそばに立っていた彼は背筋を伸ばし、用心深い様子でその場から動かなかった。はじめに彼は礼儀正しい笑みを浮かべて、「超男性的で極めてマッチョな」海兵隊の世界において瞑想を広めるのは簡単なことではなかった、と打ち明けた。40日ものあいだじっと座る厳格なプログラムを自分で始めたとき、実のところ彼は「どちらかといえばそれが間違っていると証明するか、単に海兵隊らしく自分を律してそのミッションを完遂するか」というような態度で臨んでいた。しかし、驚いたことにほどなくして彼は、集中力を研ぎ澄ませる時間

★3 ― 感覚的な刺激に対して驚いて反応すること。

が異様なまでに幸せに満ちていると気づき、自分が正気を失いかけているのではないかと心配にさえなった。

彼のアドバイザーは、注意力が低下しているわけではないと保証し、彼がただ「反応すべき脅威や対象」についていっそう選択的になっているだけだと言った。「このことで……」とアンドリューは続けた。「僕は普段なら注意を払うものをたくさん無視し、そのぶん日常生活をもっと楽しめるようになった」。屈強な海兵隊の前哨《ぜんしょう》狙撃兵として、彼は「これほどシンプルな行動がここまで自分に影響を及ぼすこと。そしてこんなにも穏やかな行為が、海兵隊員としての自分をずっと強靭《きょうじん》にしてくれること」に感嘆しきりだった。

友人の一人がアフガニスタンで護衛隊の最後尾の軍用車両を指揮したことがある、とアンドリューは言う。車は爆発物を踏んでしまい、その友人の両脚の膝下が瞬時に吹き飛ばされた。しかし、「戦略的呼吸」の訓練のおかげで、彼は冷静さを取り戻した。周囲の隊員の様子を見て運転手に助けを呼ばせ、さらに驚いたことに自分の傷口を止血し、助けが来るまで脚の残った部分を支え続けた。従軍する兵士に向けた本で読んだ手順に従って呼吸の仕方を改め、動かずにいることで、彼は自分自身の、そして周囲の多くの隊員の命を救ったのだ。

静かに佇むことが万能だと言える者は誰ひとりいないし、わたしはニューエイジ思想の信奉者であったことが一度もない。どちらかといえば、旧時代の考え方、あるいは数世紀、もしかすると千年にわたって時の試練に耐え続けてきた思想の持ち主の考えにこそ、わたしは説得力を感じる。しかし、わたしたちの周りでは1日に22人もの退役軍人が自ら命を絶っており、その平均年齢は25歳である。心を鍛えることが、少なくとも体を鍛えることと同じくらい人命を救うのに役立つかもしれない。そう考えても決しておかしくはないだろう。

第5章

俗世界の安息日

誰しも空っぽの空間や小休止の必要性を直感したことがあるだろう。音楽作品に余韻と輪郭を与えるのは休符なのだ。同じ理由でアメリカンフットボールの選手はただスクリメージライン［★4］へ走るよりもいったん円陣を組もうとするし、一部の作家は一文一文に（そして読者にも）息をつくゆとりを持たせるために、ページにたくさんの余白をつくる。さらに、「モーセの十《じっ》戒《かい》」の中で「聖なる」という形容詞がかかる唯一の言葉は「安息日」である。

実際『民数記』において、安息日に木材を集めているのが見つかった男を、神は死をもって罰している。ジュディス・シュルヴィッツが名著『ザ・サバス・ワールド』の中で解説しているように、モーセ五書（トーラー）の中でもっとも長いのが安息日について書かれた巻である。安息日の境目について記された五書の別の記述には、さらに105ページが割かれている。

安息日を遵守し、しばらくのあいだ何もしないでいるのは、わたしが生活を送るうえでもっとも難しいことのひとつである。わたしは好きなときにメールをチェックしたり仕事を進めたりする自由より、肉やワインやセックスのほうをよほど放棄したい。今日中にメールの返事をしなければ、明日出さないといけない返事の数が増えるだけだ、とわたしは自分に言い聞かせる（もっとも、実際にはメールへの返信を控えれば受信する数も減る可能性が高いが）。休みを取ると、そのぶん残りの時間が余計慌ただしくなると、なぜか信じ込

★4―スクリメージ（センターがボールをクォーターバックに渡すプレー）のとき、地上に置いたボールの両先端を通る、ゴールラインに平行な2本の仮想的な仕切線。

んでいるのだ。

ようやく自分を机から一日無理やり遠ざけてみると、もちろん、その逆こそが真実だとわたしは気づく。たいていの場合、仕事から離れている時間が長ければ長いほど、その仕事の質は上がる。

マハトマ・ガンディーはある日起きだして、周囲の人々に「今日はとても忙しい日になる。1時間の瞑想はできないな」と言ったとされている。友人たちは、彼が滅多になく規律から逸脱するのかと驚いた。しかしそんな彼らにガンディーは「2時間瞑想しなければいけない」と説明したのだった。

以前ラジオ番組でこの話をしたところ、ある女性から電話がかかってきた。彼女はいらだっていて、その理由はごもっともだった。「サンタバーバラに住む紀行作家の男性が休息について語るのは結構なことですが」と彼女は言った。「わたしはどうすればいいんですか？　わたしは子持ちで、新しく小さな事業を立ち上げようとしていて、毎日2時間を瞑想に使うような贅沢はできません」。けれど、彼女に伝えたかったのは、もっとも忙しい人々こそがまさしく休憩を必要としている、ということだった。ストレスは伝染するものである、という明確な研究結果がある。もし貧しくて負担も大きい母親が、夫か、あるいは自分の母親や友人に毎日30分でも子どもの世話を頼めたら、戻ってきたときにはより多くの精気と喜びを子どもたちと分かち合い、それを仕事に反映することもできるはずだ。

余裕があれば田舎に土地や別荘を買おうとする人もいるが、わたしは週の中に別荘を設けたほうが簡単だと常々思ってきた。とりわけ、わたしたちの多くがそうであるように、高価な不動産を買う資金がない場合にはなおさらである。現代のような移動と接続の時代のただ中においては、マルクスが別の文脈で述べたように、空間は時間によって絶滅させられている。わたしたちはいつでもどことでもコンタクトを取れるかのように感じている。しかし、地理がわたしたちの支配下に収まってゆくのと同じ速さで、時計によるわたしたちへの圧政は強まりつつある。そして他者とつながるようになればなるほど、自分自身とのつながりが薄れるように、ときには感じられる。日本の路地裏を目指してニューヨークをあとにしたとき、わたしはこう予感していた。お金や娯楽、社会生活、そして将来の明るい展望といった側面においては貧しくなるだろう、しかし、自分がもっとも価値を置くもの、すなわち時間については豊かになるだろう、と。

これこそが、安息日の原則が謳《うた》っているものなのだ。20世紀の偉大なユダヤ教学者のアブラハム・ヨシュア・ヘッシェルが記したように、「空間よりもむしろ時間を祝《ことほ》ぐ」点にこそ安息日の意義はある。毎週1日の休日が広大な空っぽのスペースになり、光に満ちたノートルダム大聖堂の廊下みたいに、そこを自由にさまよえるようになる。もちろん信心深い人にとっては、安息日はコミュニティや儀式との縁がとても深く、神や過ぎ去りし時代との関係を新たにするという大きな意味を持っている。しかし、そうではない人にとっても、安息日は隠遁所のように、残りの6日間になにか明るく意義深いものを持ち帰れることを保証するものだ。

すべての旅は家に帰ることによって完結するものである、ということを安息日は思い出させる。さらに言えば、低俗な習慣から逃れるために遠くへ旅をする必要はないのだ。修道院でわたしが気づいたように、わたしたちをいちばん感動させる場所は、長らく音信のなかった友人のように感じられるところだったりする。そうした場所へ近づくときに、あたかもすでに知っている起源へ立ち返るかのような、なじみのある感覚を強く抱く。エミリー・ディキンソンはこう書いた。「教会へ通って安息日を守る人がいます／わたくしは守ります、家にいて」

マチウ・リカールと会って、いかにして大西洋横断のフライトが「空への束の間の隠遁」になりうるかを聞いた1年後のある日、わたしは実際にフランクフルトから大西洋を渡り、ロサンゼルスへと向かうフライトを経験した。隣に座った女性は若く、とても魅力的で、のちほど知ることになるがドイツ出身だった。席に着くあいだ、わたしといくらか親しげな言葉を交わしたが、それからの12時間、彼女は何もせずに静かに座り続けた。

わたしは眠ってから小説をめくり、彼女のそばをすり抜けてトイレへ行き、それから目の前にあるモニターのオプションを一通りスクロールした。しかし、そのあいだも彼女はただそこに座り続けた。うとうとすることこそなかったものの、とても安らいでいるように見えた。降下が始まった直後になって、ようやくわたしは勇気を出し、ロサンゼルスに住んでいるのか、と尋ねた。

いいえ、と彼女は言った。彼女は社会福祉士という、とてもくたびれる仕事に就いていた。ハワイで過ごす5週間のバカンスへ向かうところで、それはベルリンでの生活の解毒剤にうってつけだった。彼女は行きのフライトを利用して体内のストレスを外へ追い出してゆくのが好きだった。そうやって休息の日々を楽しむ準備を整え、可能なかぎり澄みきった状態で島へ到着することができるのだ。

わたしは自分を恥じた。わたしにとってバカンスは、単に仕事上の習慣や静まらない性分の矛先を、旅程の計画や電車のチケットの予約へと向ける口実でしかないことが多かった。旅先で過ごす時間の質よりも量を重んじていた。わたしからすればフライトはいつでも、仕事に付随する読書の遅れを取り戻したり、シネコンで上映されていた頃は観たいとも思わなかった映画を観たり、机に座っているときと同じくらい狂信的に自分の行動計画を整えたりする機会だった。空中で取るミニ安息日という発想をマチウ・リカールが教えてくれたとき、わたしはそれが30年ものあいだヒマラヤで瞑想してきた僧侶のみが得られるもので、それ以外の人々には無理だと勝手に思っていたのだ。

その次にニューヨークからカリフォルニアの家へ向かうフライトに乗り込んだ際に、わたしはかつて隣席に乗り合わせた女性に倣《なら》おうとした。モニターをつけなかった。小説を読み飛ばしもしなかった。何もしないよう意識的に努めようとすらしなかった。何か思いついたり、帰ってからやらなければいけないことを思い出したりしたときには、手帳を引っ張り出して書き留めた。それ以外の時間には、ひたすら心を、広く開けたビーチにいる犬のように放し飼いにしたり、寝かせたりした。

帰宅したときには、まだ時間を合わせていない腕時計の針が午前3時を指していた。しかし、わたしは明晰で活き活きとした気持ちになっていた。それは就寝前の1時間にユーチューブを見たり本を手に取ったりせず、ただ灯りをすべて消して音楽に浸ったときの心持ちに近かった。翌朝目覚めると、視線を向けた世界と同じくらい新鮮な心地がした。

第6章

帰路

ノーウェア《どこでもない場所》へ帰還するたびに、人はその特徴が少しずつはっきりとわかるようになり、それにつれてその可能性も少しずつ見えてくる。その土地には雰囲気と季節があり、それらはオーストラリア奥地の脈打つような赤土の大地と同じくらい豊かで、ジェームズ・タレルのスカイスペースから見える雲と同じくらい多様だ。わたしはよく何週間も座って本書のような作品を執筆するが、その際にはA-B-Cといった直線的配列に従ったアウトラインをつくる。しかし、じっと座る時間が長ければ長いほど、そうした論理的な構造がひっくり返ってゆき、しまいには自分の力を超えた何かがまったく予期せぬQ-C-Aの配列をわたしに辿らせて、ノーウェアから追い出しにかかる。ある生物学者とともに舟に乗ったときのことを、わたしは思い返す。太平洋の水面下で何が起きているのか聞き取れるようにする装置を、彼は用意した。すると、穏やかな青い海の下では、ラッシュ時のグランド・セントラル駅と同等に耳障りで不協和な騒音が発生していることが明らかになった。平静は、固定や静止とはまったく別のものなのだ。

思索的な生活の最上の探求者の一人だったトマス・マートンはこう指摘している。「思索的な生活のもっとも奇妙な法則のひとつは、そこで座り込んでいても決して問題は解決できない、というものである。むしろ問題が自らを解決するか、人生があなたに代わってそれを解決するまで、辛抱強く付き合うのだ」。また、バージニア州のティンカークリークを筆頭に、数多の場所で長らくじっと座り込んだ作家のアニー・ディラードは、「わたしは本を書くというよりも、まるで臨終の友人のそばに座るように、原稿のそばに座って過ごす時間のほうが長い」と述べている。

騒々しいものや邪魔なものから距離を置いてはじめて、それまで聞こえなかった何かが聞こえてくるようになる。そして一日中ついて回る考えや偏見を声に出すよりも、その何かに耳を傾けることのほうがはるかにわたしを鼓舞してくれるように思えてくる。どこへも行かず、じっと座ったり心を落ち着かせたりしてはじめて、意識的に探し出そうとする発想よりも偶発的に訪れる発想のほうがずっと新鮮で、もっと独創的だと気づける。メールの自動返信を設定し、ランニングマシーンに乗っているときにテレビを消し、多忙な一日の（あるいは街の）中で静かな場所を探す――こうした行為はすべてあっという間に思いがけないスペースを切り拓いてくれる。

もちろん、現実の騒々しさから踏み出すには勇気を要する。それは死の床についた愛しい人を介抱したり、砂糖まみれのドーナツから顔を背けたりするのと同じで、大切な何かをするには勇気が必要なのだ。さらに言えば、世界中の何十億もの隣人が切実に助けを求め、誰もがこなさなければならないことをたくさん抱えているというのに、休息を取ったり静かな場所へ退避したりするのは、自己中心的だと感じるかもしれない。しかし、実際にじっと座ってみればすぐに、その行為が理解と共感の両方においてむしろあなたと他者を近づけると気づくだろう。思索的な映像作家のビル・ヴィオラが言ったように、世界から離れてゆく人こそが世界のために涙を流し、袖を濡らすのだ。

どんな場合であれ、日常生活から頻繁に、あるいは長期的に踏み出す機会を得られる者はわずかである。しかし、ノーウェアは、たとえばランニングをしたり、釣りに出かけたり、あるいは毎朝ほんの30分だけ（起きている時間のたった3パーセントだ）静かに座ったりと、わたしたちが生活の端々において訪れるような場所でなくてはならない。平静さを高める目的は聖域や山頂を豊かにすることではなく、世界の運動や激動にその平穏を持ち込むことである。

実のところ、ノーウェアを途中下車する駅と見なさなければ、ノーウェアそのものがしばしば単なるルーティンか単純作業、つまり命を持った存在とは対極にある何かに成り下がってしまう。ロサンゼルス近郊のマウント・ボールディで生活していた頃、レナード・コーエンはたまに車に乗り込んでは下山し、マクドナルドへフィレオフィッシュを食べに立ち寄った。充分に満足すると、それからロサンゼルス中心部の見捨てられ気味な地区にある自宅へ帰り、『ジェリー・スプリンガー・ショー』が流れるテレビの前に身を投げ出した。

1日か2日経って、緊張感を体内から追い払いきると、彼はおそらく山へ登りたいと思ったそもそもの理由を思い出しながら山へ引き返すのだが、永遠にそこにいようとは決して思わなかった。107歳まで生きた友人の佐々木に対してコーエンはいつでも忠実だったが、一方で彼はムンバイへ出向くようにもなった。自己矛盾的な思考を超えた先の、「あなた」と「わたし」の概念が消える場所について、隠居した銀行の支配人が語るのを聞くためだ。コーエンはやがて再び渋滞やバビロンについて書き始めた。彼は脱俗や高潔の装いから逃れきって、慎ましやかな自宅へと完全に戻って娘とともに住み、若く美しい伴侶を得た。

73歳にしてコーエンは6年におよぶ世界ツアーを開始し、オーストラリアのハンギングロックからスロベニアのリュブリャナまで、そしてカナダのサスカトゥーンからトルコのイスタンブールまでを巡った。コンサートは全部で300回以上開催され、そのほとんどすべてが3時間以上続いた。

わたしはツアーが始まった頃にステージに立つ彼を観に行ったが、あたかも観衆の全員が魔法にかかり、修道院での儀式めいた何かを、平静によって深みを増す芸術を目撃しているかのように感じた。歌い手はステージの後方に立ち、ほぼずっとそこから動かなかった。帽子を脱いで、ほとんど姿を見せず、その様子はかの瞑想室での光景とそっくりだった。またあるときは、ほとんどひざまずくような姿勢で、一つひとつの告白や祈りを最後の一滴まで絞り出していた。70代半ばの男性がすさまじい集中力をもって自分の願望や恐怖と向き合い、平静と激情のふたつの表情を見せる様を目にして、わたしは感嘆するばかりだった。

2012年にはさらに奇妙なことが起きた。『オールド・アイディア』という極めて刺激に欠ける題名の新譜が発表されたのだ。収録曲のほぼすべてが静止しそうなほど遅く、暗闇や苦しみ、あるいは「何に対しても興味がわかない」男の重々しい心をテーマとしていた。彼のほとんどの近作と同様に、どの歌も根本的には死について歌い、若い女性に限らず、かつて愛したものすべて、そして人生そのものに別れを告げていた。

ある日、わたしはLAライブという、独身者向けのバーや大スクリーンの映画館、高層ビル、さらにコンサートホールが合わさった新しくてきらびやかな複合娯楽施設にいた。その中にあるホテルで目覚めたわたしは、朝のアウェイクティーを飲みに下へ降りた。そのとき、喫茶店がその週に取り上げていたアルバムから、限りなく死に近いような場所へ「帰る」ことを歌った楽曲が流れているのが聞こえた。しゃがれた声の主は、77歳の禅僧だった。

驚くべきことに、『オールド・アイディア』はすでに17カ国のアルバムチャートで首位に輝き、さらに9カ国でトップ5入りを果たしていた。その少し前には、彼の冷ややかで打ちひしがれた「ハレルヤ」のさまざまなバージョンがイギリスのシングルチャートのトップ40において1位、2位、36位に同時に入り、ヨーロッパ史上もっとも売れ行きの早い配信楽曲となった。潮時かと思われた年齢をゆうに過ぎたレナード・コーエンが、突如として最新のトレンドに、そして流行の王子に返り咲いたのだ。

なぜこれほど目を引かない題名のついた陰鬱なアルバムに、世界中の人々が手を伸ばしていたのだろうか。わたしは不思議に思った。もしかすると彼らは、どこへも行かずにじっと座り、世界と自分自身の真実を見据えようと試みた人間の言葉に、ほかの大多数のアーティストからは得られない洞察と知恵を見いだしていたのではないだろうか。コーエンはＣＮＮニュースのスタジオよりも核心に近い場所からわたしたちに速報をもたらしていた。最良の友人みたいに、虚飾もごまかしも下心もなく語りかけているように思えたのだ。それに、どうして当時70代後半の僧侶のコンサートにあれほど多くの人々が駆けつけていたのだろうか。おそらく聴衆は、信頼を基盤とする場所に引き戻されたがっていたのだろう。彼らはそこで、社会的な自己よりも深い何かでもって、万物に染みわたるような親密さの中へ回帰できる――ノーウェアとは本質的にそういうところなのだ。

スピード重視の時代において、ゆっくり進むことほど人を活気づけるものはない。わたしはそう思い始めていた。

なにかと気が散りがちな時代において、物事に集中することほど贅沢に感じられるものはない。

そして、絶え間ない移動の時代において、静かに佇むことほど大切なものはないのだ。

あなたは今から3カ月後にパリやハワイやニューオーリンズまでバカンスに出かけるかもしれないし、そうなれば素晴らしいひとときを過ごせるのは間違いない。しかし、あなたが新鮮な気持ちで——活き活きとして新たな希望に満ち、全世界に対する愛を感じながら帰ってきたいのなら、もしかするとどこでもない場所《ノーウェア》を訪ねてみるべき旅先はどこでもない場所ではないだろうか、とわたしは思うのだ。

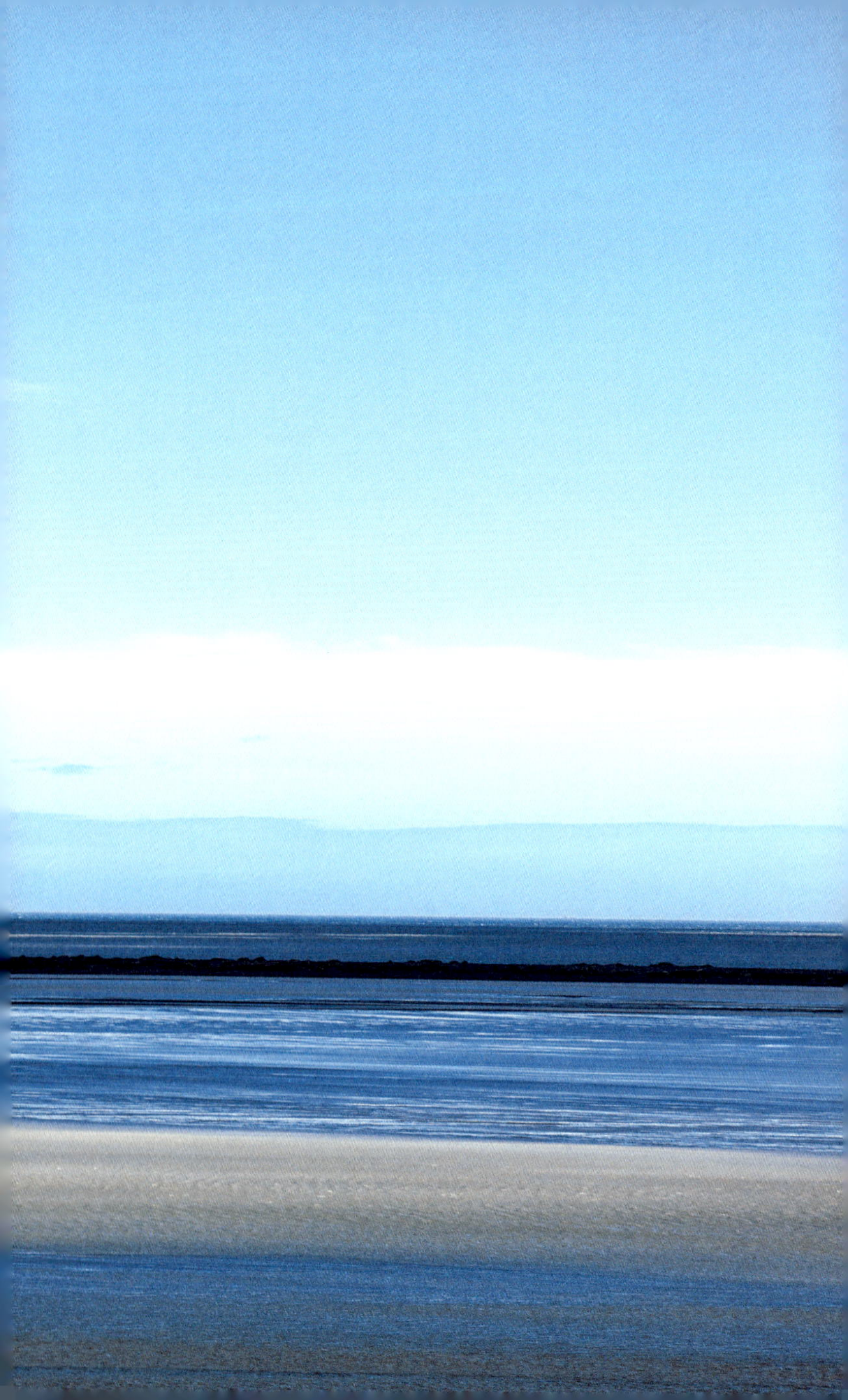

謝辞

TEDブックスの最初の数冊に関われることを、とてもうれしく光栄に思います。TEDという集団に引き込まれたのはわずか1年前のことなのですが、わたしはすぐに、聡明で面白くて、とても親身になってくれる人々に囲まれていると感じました。彼らはわたしたちの世界に新たな命を吹き込むための多様で新鮮なやり方を知っています。このチームに入れてくれたTEDのクリス・アンダーソンとブルーノ・ジュッサーニ、そしてコミュニティを築き、ひとつのビジョンを推し進め、最高のパーティを開いて、ほかでは聞けないアイデアを共有するために大変な努力をしたすべての人々に、心から感謝します。

本書に関して言えば、長きにわたりTEDにインスピレーションを与え続けてきたジューン・コーエンと、カンマの一つひとつに対して素晴らしく明晰で粘り強い目を熱心に向け、わたしをおおいに鼓舞してくれた担当編集者のミシェル・クイントに、とりわけ感謝しなければなりません。また、はじめに本書の構想を思いついた（さらに言えば、何について書くべきなのかわたし自身わかっていないときに、いつもそれをわかっているように思える）スーザン・リーマンと、心を込めて念入りに原稿を整理してくれたベンジャミン・ホームズにも、御礼を言いたいと思います。昔からの同僚で遠くに住む友人であるチップ・キッドが、彼ならではの意匠とビジョンをカバーに持ち込んでくれたのはとても素晴らしいことでした。また、エイディス・エイナルスドッティルが撮影してくれた、この地球でわたしがもっとも好きな場所の写真の数々は、言葉を通じて捉えようとしていた世界を深め、照らし出してくれました。

人間味と洞察力と思いやりに満ちた行ないでもって、わたしだけでなく全員を見守ってくれる、忠実で才能溢れる友人であり代理人でもあるリン・ネズビット、そしてジャンクロー&ネズビット社のマイケル・ステガーには、いつも心から感謝しています。また、わたしがさまざまな友人――そのうち、プルースト、ソロー、トマス・マートン、エミリー・ディキンソンには直接会ったことはなく、レナード・コーエン、アニー・ディラード、マチウ・リカール、ダライ・ラマ14世にはあちこちで少しだけ会いました――からどれほどのインスピレーションを得ているかは明白でしょう。

最後になってしまいましたが、日頃わたしのほうから差し出すものがほとんどないにもかかわらず、とても率直で寛容に接してくれるニューカマルドリ隠遁所の修道士たちと、その周囲の信者の方々、そして自分と同じようにそこを訪れる放浪仲間のみなさん、ありがとうございます。

写真について

本書に掲載されている写真はすべて、アイスランド出身でカナダ在住の写真家、エイディス・S・ルナ・エイナルスドッティルが撮影したものです。どの写真も、一般的な色調補正以外にはデジタル加工をしていません。

エイナルスドッティルは情熱的な写真家の父と芸術家の母、そしてアイスランドの光と風景に感化され、若くして写真の道を歩み始めました。彼女の写真の最大の特徴はその細部とコントラスト、そしてシンプルな点にあります。色彩を繊細に捉える目と、ライティングの才が、他の写真にはない独特で魅力的な輪郭をつくりだします。

写真家より

平静、あるいはアイスランド語で言えばkyrrð――この言葉自体が、わたしが完全な平静を心身ともに見いだした数少ない場所のひとつ、アイスランドへと連れ戻してくれます。

わたしは毎年カナダのバンクーバーにある自宅から出生地のアイスランドへと旅をします。都市部にはあまり滞在しません。その代わりに生活の中で自ら強いたストレスからの休息を取り、kyrrð og ró（平和と静寂）を体感するために、両親が湖のほとりに持っている静かな小屋へ向かうのです。

数日間の静養のあと、両親とわたしは島内を周遊します。わたしにとってこれらの旅は、写真目当ての探索というよりも両親とともに故郷を訪ねる機会で、カメラは一緒について回るだけです。しかし、アイスランドが見せてくれる息を呑むような風景と美しい光を前にしては、あちこちで立ち止まらずにはいられません。

カメラを取り出した瞬間、毎日切望している内なる平静、深い平穏を感じます。そのあまりの美しさにわたしは自分自身を見失います。それはまるで、なくしたという自覚がないままなくしていた自分のかけらを見つけるような感覚です。じっと座ってファインダーを覗いていると、五感が研ぎ澄まされます。大地の匂いはわたしが地に足をつけていることを感じさせてくれる。波が砕ける音や、草が風に吹かれてかさかさとこすれる音や、遠くに聞こえる孤独な羊の鳴き声は、生の強い実感をもたらしてくれる。そして、目にしている景色の広大さは、心を開け放ってくれる。「今」を生きるというのはつまり、心と体の両方が平静であるということです。わたしの写真は感情の世界からもたらされます。それは完璧なイメージを捉えようとするのではなく、眼前にあるものを目撃したときに生じる感覚を捉えようとする試みなのです。

著者紹介

ピコ・アイヤー(Pico Iyer)はイースター島からブータン、エチオピア、そして自身の住むロサンゼルスの空港へと、40年以上も世界中を旅している。彼はそうした旅を『ビデオナイト・イン・カトマンドゥー』や『ザ・レディ・アンド・ザ・モンク』『ザ・グローバル・ソウル』『ジ・オープン・ロード』といった著作において描写しているほか、革命政権下のキューバやイスラム教についての小説を書いている。また、彼は20年にわたり『ニューヨーク・タイムズ』『ニューヨーク・レビュー・オブ・ブックス』『ハーパーズ』『タイム』など、世界各国の雑誌や新聞に多数寄稿し続けている。現在は名誉学長フェローとしてカリフォルニア州のチャップマン大学に勤務。

著者のTEDトーク

PHOTO:JAMES DUNCAN DAVIDSON

本書『平静の技法』への導入となっているピコ・アイヤーの講演(14分間)は、TEDのウェブサイト「TED.com」にて無料で見ることができます。

go.ted.com/stillness

(日本語字幕あり)

本書に関連するTEDトーク

ピコ・アイヤー「故郷とは何か」
go.ted.com/iyer（日本語字幕あり）
母国ではない国で暮らす人々が世界中で増えている。自身も3つか4つの「起源」を持つピコ・アイヤーが、旅の喜びと故郷の持つ意味について熟考します。

カール・オノレイ「『スロー』のすすめ」
go.ted.com/honore（日本語字幕あり）
ジャーナリストのカール・オノレイは、西洋のスピード偏重が健康や生産性、そして生活の質を蝕むと信じています。一方で、その風潮に対する反発も巻き起こりつつあり、人々は過剰なまでに現代的な生活に日々ブレーキをかけ始めているとも指摘します。

マチウ・リカール「幸せの習慣」
go.ted.com/ricard（日本語字幕あり）
幸福とは何か、そしてどうすればわたしたちはそれを少しでも手に入れられるのか。生化学者から仏教僧に転身したマチウ・リカールは、心に幸福の習慣を教え込むことで、わたしたちは平静と満足感を実感できるようになると語ります。

ルイ・シュワルツバーグ「幸福のありか —— 自然と美と感謝と」
go.ted.com/schwartzberg（日本語字幕あり）
ルイ・シュワルツバーグによる微速度撮影の美しい映像が、ベネディクト会修道士のデイヴィッド・スタインドル＝ラストの力強い言葉と合わさって、日々への感謝について熟考を促します。

TEDブックスについて

TEDブックスは、大きなアイデアについての小さな本です。一気に読める短さでありながら、ひとつのテーマを深く掘り下げるには充分な長さです。本シリーズが扱う分野は幅広く、建築からビジネス、宇宙旅行、そして恋愛にいたるまで、あらゆる領域を網羅しています。好奇心と学究心のある人にはぴったりのシリーズです。

TEDブックスの各巻は関連するTEDトークとセットになっていて、トークはTEDのウェブサイト「TED.com」にて視聴できます。トークの終点が本の起点になっています。わずか18分のスピーチでも種を植えたり想像力に火をつけたりすることはできますが、ほとんどのトークは、もっと深く潜り、もっと詳しく知り、もっと長いストーリーを語りたいと思わせるようになっています。こうした欲求を満たすのが、TEDブックスなのです。

シリーズ新刊案内

テロリストの息子

ザック・エブラヒム＋ジェフ・ジャイルズ

佐久間裕美子 訳

本体1200円＋税　2015年12月刊行（本書と同時発売）

ジハードを唱えるようになった父親が殺人を犯したとき、その息子はまだ7歳だった。1993年、投獄中の父はNY世界貿易センターの爆破に手を染める。家族を襲う、迫害と差別と分裂の危機。しかし、狂気と憎悪が連鎖するテロリズムの道を、彼は選ばなかった。共感と平和と非暴力の道を自ら選択した、テロリストの息子の実話。全米図書館協会アレックス賞受賞。

2016年春刊行予定

恋愛を数学する（仮題）　ハンナ・フライ

自然現象と同じく、恋愛にもパターンがある。

未来をつくる建築100（仮題）　マーク・クシュナー

建築を考えることは、未来をつくること。

TEDについて

TEDはアイデアを広めることに全力を尽くすNPOです。力強く短いトーク(最長でも18分)を中心に、書籍やアニメ、ラジオ番組、イベントなどを通じて活動しています。TEDは1984年に、Technology(技術)、Entertainment(娯楽)、Design(デザイン)といった各分野が融合するカンファレンスとして発足し、現在は100以上の言語で、科学からビジネス、国際問題まで、ほとんどすべてのテーマを扱っています。

TEDは地球規模のコミュニティです。あらゆる専門分野や文化から、世界をより深く理解したいと願う人々を歓迎します。アイデアには人の姿勢や人生、そして究極的には未来をも変える力がある。わたしたちは情熱をもってそう信じています。TED.comでは、想像力を刺激する世界中の思想家たちの知見に自由にアクセスできる情報交換の場と、好奇心を持った人々がアイデアに触れ、互いに交流する共同体を築こうとしています。1年に1度開催されるメインのカンファレンスでは、あらゆる分野からオピニオンリーダーが集まりアイデアを交換します。TEDxプログラムを通じて、世界中のコミュニティが1年中いつでも地域ごとのイベントを自主的に企画運営・開催することが可能です。さらに、オープン・トランスレーション・プロジェクトによって、こうしたアイデアが国境を越えてゆく環境を確保しています。

実際、TEDラジオ・アワーから、TEDプライズの授与を通じて支援するプロジェクト、TEDxのイベント群、TED-Edのレッスンにいたるまで、わたしたちの活動はすべてひとつの目的意識、つまり、「素晴らしいアイデアを広めるための最善の方法とは?」という問いを原動力にしています。

TEDは非営利・無党派の財団が所有する団体です。

訳者紹介

管梓（すが・あずさ）は1990年横浜生まれ。法政大学グローバル教養学部卒業。上智大学文学研究科英米文学専攻博士前期課程修了。頴川邦子『茶飯事』（平凡社）、『草間彌生』『森村泰昌』（ともに平凡社ヴァガボンズ・スタンダート）の英訳に携わる。バンドFor Tracy Hydeのギター、ソングライターとしてメジャー／インディーズ問わず多数のアーティストと共演。

TEDブックス

平静の技法

2015年12月10日　初版第1刷発行

著者：ピコ・アイヤー
訳者：管 梓

本文写真：エイディス・エイナルスドッティル
カバー・表紙写真：Synchrodogs
ブックデザイン：大西隆介（direction Q）
DTP制作：濱井信作（compose）
編集：綾女欣伸（朝日出版社第五編集部）

発行者：原 雅久
発行所：株式会社 朝日出版社
〒101-0065 東京都千代田区西神田3-3-5
tel. 03-3263-3321　fax. 03-5226-9599
http://www.asahipress.com/

印刷・製本：図書印刷株式会社

ISBN 978-4-255-00896-7 C0095